Karin Longariva

Das kleine Kastanien-Kochbuch

Karin Longariva

Das kleine Kastanien-Kochbuch

EDITION LÖWENZAHN
INNSBRUCK

Die Deutsche Bibliothek - CIP-Einheitsaufnahme

Das kleine Kastanien-Kochbuch */ Karin Longariva. -*
Innsbruck : Ed. Löwenzahn, 1998
ISBN 3-7066-2134-7

Layout: Günther Thöni
Satz: Bernhard Klammer
Die Fotos wurden uns freundlicherweise von der Kulturzeitschrift ARUNDA „Siegfried W. de Rachewiltz: Kastanien im südlichen Tirol" zur Verfügung gestellt.
Fotos auf S. 31, 38, 51 alle Gusto/Liewehr

Gedruckt auf umweltfreundlichem, chlor- und säurefrei gebleichtem Papier.

Inhaltsverzeichnis

Einleitung 7

Suppen

Kastaniensuppe 12
Kastaniencremesuppe 13
Kastaniensüppchen mit Majoran 14
Kastanien-Reis-Suppe 14

Vorspeisen

Kastaniennocken 16
Kastanien-Kartoffel-Nocken 16
Kartoffelknödel in Kastanienbutter 17
Kastanienschlutzkrapfen .. 18

Hauptspeisen-Fleischgerichte

Truthahnschnitzel auf Kastaniensauce 20
Gefüllte Rehschnitzel 21
Truthahnbrust mit Kastanienfülle 22
Kastanienrollbraten 24

Beilagen zu Fleischgerichten

Glasierte Kastanien 25
Kastanienpüree 25
Kastanien-Sellerie-Püree . 26
Blaukraut mit Kastanien ... 26
Gefüllte Kastanienäpfel 28
Kastanien in Rotweinsauce 29

Hauptspeisen-Gemüse

Kastanien-Paprika-Allerlei 30
Kastanien-Gemüse-Eintopf 32

Süßspeisen

Kastanienknödel 33
Kastaniennudeln 34
Kastanienauflauf 34
Tirtlan mit Kastanienfülle ... 36
Vinschger Kastanienkrapfen 37
Kastanienpudding 38
Kastaniencrêpes 40
Kastanienschmarren 41
Kastanienkoch 42
Kastanienofenkrapfen 44

Desserts

Kastanien-Äpfel-Creme 45
Kastanieneis 45
Gestürzte Makronen-Kastanien-Creme mit Nougatsauce 46

Kastaniencreme 48
Kastanienparfait 49
Kastanienmousse auf
Früchtemark 50
Kastaniensahnecreme 52
Apfel-Kastanien-
Dessert 53
Kastanienschaum 54
Kastanien-
Nougat-Creme 56
Kastanienreis 56
Kastanieneis 57
Kastanientörtchen 58
Stanitzel mit
Kastaniensahne 60
Kastaniencharlotte 61

Kuchen, Kekse, Schnitten

Kastanienkekse 62
Kastanien-Kirsch-Torte 62
Kastanien-
schnitten I 63
Kastanien-
schnitten II 64
Kastanienkipferl 65
Glasierte
Kastanienkugeln 66
Kastanienroulade 67
Kokos-Kastanien-Kugeln .. 68
Kastanienwürfel 69
Überbackene
Kastanientorte 70
Kastanien-Marmelade-
Taschen 71
Ungebackene
Kastanientorte 72
Kastanien-Kaffee-
Schokoladentorte 73
Kastanien-Sahne-Torte 74
Zwetschken-
Kastanien-Torte 75
Kastanientorte 75
Kakao-Kastanien-Torte 76
Kastanien-Apfel-Torte 77
Kastanienstrudel 78
Italienische
Kastanientörtchen 79

Verschiedenes

Kastanienmarmelade 80
Kastanienmarmelade
mit Orangen 80
Kastanienkompott 81
Kastanienlikör 81
Kastanienbrot 82
Kastanien-Feigenbrot 83
Eingelegte
Kastanien 84
Beschwipste
Kastanien 84

Allerlei Wissenswertes über Kastanien

Der Kastanienbaum, „Charakterbaum der bäuerlichen Kulturlandschaft", gehört ohne Zweifel zu den Naturschönheiten des Landes Südtirols.
Tatsächlich ist kein anderes heimisches Gewächs, die Weinrebe einmal ausgenommen, so wesenhaft mit dem Bild der Südtiroler Kulturlandschaft verbunden, der es seine Konturen verleiht und einen Hauch von südlicher Exklusivität.
Josef Rampold beschreibt den Charakterbaum, der in verschiedenen Landesteilen die bäuerliche Kulturlandschaft in dominierender Weise prägt, folgendermaßen: *„Ein alter Köstenbaum ist von unvergleichlicher Schönheit: der drehwüchsige Stamm mit der furchigen Rinde, die kraftvollen, weitausladenden Äste, die großen gezähnten Blätter, das Blütenmeer der langen, gelblichen Kätzchen und schließlich die stacheligen Igel mit ihrem köstlichen Inhalt."* Dabei gibt es *„kaum einen Baum, der eigensinniger dahinwächst als so eine Edelkastanie; das ist ihr großes Wunder: Jeder Ast und jeder Trieb geht die verrücktesten Wege, gerade und krumm, weit oder kurz – und doch wirkt dann dieses ganze Geäst wie eine einzige große Symphonie der Linien. Man muß sie sehen, diese feinen schwarzen Striche, man muß sie sehen vor dem milchigen Weiß einer dicken Nebelwand oder vor der untergehenden Sonne; erst da offenbart sich die Stimme dieser schönen Bäume, von denen man gar nicht sicher sagen kann, ob sie im Kleid ihres gezackten Laubes schöner sind, oder als Skelett."* (Josef Rampold, Gespräch über Bäume, in: An Eisack, Etsch und Rienz, Bozen 1981)

Seit dem Mittelalter erzählen Hof- und Flurnamen, Urkunden, Kunst und Brauchtum davon, daß die Kastanie in bäuer-

lichen Wirtschaften an Etsch und Eisack fest verwurzelt ist.
Bei den Kastanien unterscheidet man edle und wilde Kastanien, nur erstere kommen auf den Markt.
Kastanien gehören außerdem zu einem alten Südtiroler Brauch, zum sogenannten „Törggelen", es ist dies das Verkosten vom „Nuien" (neuem Wein), gebratenen Kastanien, Nüssen und würzigem Bauernspeck in gemütlichen Stuben.
Was in den vergangenen Jahrhunderten heranwuchs und unsere Kulturlandschaft im Mittelgebirge prägte, riskiert nun aber in kürzester Zeit sang- und klanglos abzutreten, und zwar vordergründig durch den Kastanienkrebs; es handelt sich dabei um eine Pilzerkrankung, die sich seuchenartig ausbreitet und den Kastanienbaum zum Absterben bringt.

Die Edelkastanie - Eßkastanie (Castanea sativa)
Familie der Buchengewächse

Vorkommen:

Kleinasien, gemäßigte Gebiete Nordamerikas, Südeuropa
In Südtirol: gesamte Weinbauzone und noch etwa 100 Meter darüber hinauf, die Edelkastanie meidet Kalkböden, deshalb wächst sie auch im Südtiroler Unterland nicht.

Höhe:

Ein ausgewachsener Kastanienbaum erreicht eine Höhe bis zu 30 m.

Rinde, Blätter, Blüten:

Der Kastanienbaum bietet mit seiner ausladenden grünen Krone über einem kurzen, dicken, von einer groben, rissigen Rinde bedeckten Stamm einen imposanten Anblick.
Die Krone wird gebildet durch mächtige Äste und Zweige, denen lanzenförmige, ledrige, starknervige und stachelartig gezähnte Blätter entwachsen.

Eßkastanienbäume sollen mitunter das wahrhaft biblische Alter von über tausend Jahren erreichen.
Entlang dünner, länglicher, aufrechtstehender Kätzchen reihen sich die weißlichen, männlichen Blüten auf. Wie kleine Artischocken mit Quästchen an den Spitzen sitzen die weiblichen Blüten an den unteren Enden dieser Kätzchen.

Sammelzeiten:

5-6 Jahre nach der Veredlung setzt der Ertrag ein, um gegen das 50. Lebensjahr hin den Höhepunkt zu erreichen.
Die Früchte reifen im September. Eine lederartige Haut, die mit ihren zahlreichen weichen Stacheln an einen zusammengerollten Igel erinnert, umhüllt in der Regel 2-3 Früchte, sind diese reif, springt die Außenhaut.

Nährwert:

Kastanien sind arm an Proteinen und Fett, dafür aber sehr reich an Stärke und Zucker: pro 100 g liefern sie ca. 210 Kalorien = 882 Joule. Eßkastanien enthalten Vitamine der B-Gruppe.

Kastanien in der Küche:

Kastanien oder Maronen müssen vor dem Verzehr gegart werden; roh sind sie ungenießbar.
1 kg Kastanien ergeben etwa 80 dag geschälte Kastanien. Bei der Zubereitung von Kastanien stehen verschiedene Schältechniken zur Auswahl.

1. Möglichkeit:

Kastanien mit einem scharfen Messer auf der flachen Seite kreuzweise einschneiden und nebeneinander auf ein Backblech setzen. Bei ca. 200°C 30 Minuten rösten; Kastanien sofort schälen, wenn sie abgekühlt sind, geht es schwerer. Anschließend Kastanien mit Wasser oder Milch weichkochen und mit dem Mixstab pürieren oder mit der flotten Lotte passieren.

2. Möglichkeit:
Kastanien ohne einzuschneiden in kochendes Wasser geben und kochen lassen. Noch heiß schälen.

3. Möglichkeit:
Kastanien von der äußeren Schale entfernen, in kochendes Wasser geben und ca. 5 Minuten ziehen lassen. Die innere Haut löst sich, indem man die Kastanien mit einem Tuch abreibt.

Kastanien lassen sich auch gut einfrieren. Hierfür im Herbst gute Kastanien kaufen, im heißen Ofen nur solange rösten, bis sie sich schälen lassen. Auskühlen lassen, in Portionen abpacken und einfrieren.

Rezepte

Rezeptangaben für 4 bis 6 Personen

Abkürzungen:

TL	*Teelöffel*
EL	*Eßlöffel*
Msp.	*Messerspitze*
Pkg.	*Packung*
10 dag	*100g*

Kastaniensuppe

30 dag getrocknete Kastanien
15 dag getrocknete Bohnen
Salz
1 Prise Zucker
1 Prise Zimt

- Kastanien und Bohnen über Nacht getrennt einweichen
- Kastanien von der feinen Haut säubern
- Bohnen und Kastanien im Einweichwasser ca. 1 1/2 Stunden kochen lassen
- mit Salz, Zucker und Zimt würzen
- Suppe pürieren und abschmecken

Kastaniencreme-suppe

40 dag gekochte, geschälte Kastanien
1 Karotte
1 kleine Lauchstange
etwas Öl
3/4 l Wasser oder Gemüsesud
Salz, Pfeffer
Muskatnuß
100 ml Rahm

- die gekochten Kastanien mit etwas Wasser pürieren
- Karotte und Lauchstange in sehr feine Würfel schneiden
- Öl erhitzen und das Gemüse leicht anschwitzen
- mit Wasser oder Gemüsesud ablöschen, das Kastanienpüree darunterrühren, mit Salz, Pfeffer und Muskatnuß würzen
- zugedeckt bei schwacher Hitze ca. 10 Minuten leicht köcheln lassen
- Rahm halbsteif schlagen und in die Suppe einrühren

Kastaniensüppchen mit Majoran

500 g geschälte Kastanien
1 l Gemüsesuppe
100 ml Rahm
Salz
1 TL Kurkuma (Gelbwurz)
frisch gehackter Majoran

- die Kastanien in der Gemüsesuppe 10 Minuten weichkochen und pürieren
- pürierte Kastaniensuppe mit dem Rahm aufkochen, würzen

TIP

Süppchen mit Majoran und Schlagsahne garnieren.

Kastanien-Reis-Suppe

20 dag getrocknete Kastanien
2 l Milch
15 dag Reis
2 EL Zucker
2 Gewürznelken

- Kastanien in Salzwasser weich kochen
- in einem Topf die Milch zum Kochen bringen
- die gekochten und abgegossenen Kastanien dazugeben
- sobald die Milch wieder kocht, den Reis und die Gewürznelken dazugeben und weitere 20 Minuten kochen lassen
- vor dem Servieren den Zucker hinzufügen

Kastaniennocken

25 dag Weizenmehl
2 Eier
Salz
ca. 1/8 l Milch
20 dag Kastanien
4 dag Butter
Zucker und Zimt zum Bestreuen

- Weizenmehl, Eier, Salz und Milch verrühren
- mit einem Löffel Nocken ins kochende Salzwasser einlegen
- kurz aufkochen
- abseihen und mit gekochten, passierten Kastanien, Zucker und Zimt bestreuen, mit zerlassener Butter übergießen

Kastanien-Kartoffel-Nocken

60 dag Kartoffeln
ca. 15 dag gekochte, passierte Kastanien
10 dag Weizenmehl
2 Eidotter
4 dag Butter
Schnittlauch
geriebener Parmesan

- Kartoffeln dämpfen, schälen und heiß passieren
- etwas auskühlen
- mit Kastanien, Mehl und Eidottern rasch zu einem Teig zusammenkneten
- Nocken abstechen
- im kochenden Salzwasser kurz aufkochen lassen
- abseihen und mit zerlassener Butter, Schnittlauch und Parmesan servieren

Kartoffelknödel in Kastanienbutter

30 dag passierte, ausgekühlte Kartoffeln
6 dag Butter
3 Dotter
9 dag Mehl
Salz, Muskatnuß
4 dag Butter
3 dag Kastanienpüree
4 dag geriebener Parmesan

- Kartoffeln, weiche Butter, Dotter, Mehl und Gewürze rasch zu einem Kartoffelteig zusammenkneten
- aus der Masse kleine Knödel formen
- ins kochende Salzwasser einlegen und ca. 10 Minuten leicht köcheln lassen
- Knödel abseihen und mit zerlassener Butter, Parmesan und Kastanienpüree servieren

Kastanienschlutzkrapfen

40 dag Roggenmehl
10 dag Weizenmehl
1 Ei
Salz
3 EL Öl
lauwarmes Wasser nach Bedarf

Fülle:
10 dag gekochte, passierte Kastanien
20 dag Topfen
Salz
4 dag Butter
Schnittlauch
geriebener Parmesan

- Mehl, Ei, Salz, Öl und lauwarmes Wasser zu einem glatten Teig verarbeiten
- rasten lassen (ca. 30 Minuten)
- für die Fülle Kastanien mit Topfen und Salz gut vermengen
- Teig dünn auswalken, mit einem runden Ausstecher Scheiben ausstechen, Kastanienfülle daraufgeben, Scheiben zusammenklappen, gut zusammendrükken
- in Salzwasser kochen
- mit zerlassener Butter, Schnittlauch und Parmesan servieren

Truthahnschnitzel auf Kastaniensauce

4 kleine Truthahnschnitzel
Salz, Pfeffer
etwas Öl
25 dag Kastanien
150 ml Sahne
Salz

- Truthahnschnitzel salzen, pfeffern und einschneiden
- Kastanien in Wasser kochen, schälen und fein pürieren
- Schnitzel in der Pfanne scharf anbraten
- Bratensatz mit etwas Wasser bzw. Geflügelfond lösen, mit Sahne verfeinern, kurz einreduzieren lassen
- Kastanienpüree beimengen, salzen und mit den Truthahnschnitzel servieren

TIP

Als Beilage Kartoffel, Reis und Gemüse.

Gefüllte Rehschnitzel

4 Rehschnitzel
Salz, Pfeffer
Weinbrand

Fülle:
1 kleine Zwiebel
8 dag Steinpilze
8 Stück Kastanien
8 dag fein faschierte Schweinsschulter
etwas Sahne
Salz, Pfeffer, Petersilie
Rotwein zum Löschen

- Rehschnitzel vorsichtig klopfen, mit Weinbrand beträufeln und zugedeckt kühl stellen (1-2 Stunden)
- für die Fülle Zwiebelwürfel etwas anrösten, gehackte Pilze dazugeben, dünsten lassen (ca. 8 Minuten)
- gekochte Kastanien schälen, auskühlen lassen und zerkleinern
- Kastanien, Pilze, faschierte Schweinsschulter, Gemüse und Sahne gut vermengen
- Rehschnitzel würzen, mit Fülle bestreichen, einrollen und mit Zahnstochern fixieren
- Schnitzel in der Pfanne scharf anbraten, mit Rotwein löschen, eventuell etwas aufgießen und leicht ziehen lassen (ca. 10 Minuten)
- Sauce eventuell mit etwas Mehl binden, mit Butter verfeinern und zu den Rehschnitzeln servieren

TIP

Als Beilage passen gebratene Apfelscheiben mit Preiselbeeren und Erdäpfelkroketten.

Truthahnbrust mit Kastanienfülle

1 Truthahnbrust mit Flügelknochen (ca. 1 kg)
Salz, Pfeffer
etwas Öl

Fülle:
10 dag Kartoffeln
3 dag Semmelbrösel
1 Dotter
Salz, Petersilie, Muskatnuß
8 dag Kastanien

- Kartoffeln dämpfen, schälen und passieren
- Kastanien braten, schälen und würfelig schneiden
- Kartoffeln, Kastanien, Semmelbrösel, Dotter und Gemüse gut vermengen
- in die Truthahnbrust eine Tasche einschneiden, die Kastanienfülle einfüllen und zunähen
- Pfanne mit etwas Öl erhitzen
- Truthahnbrust würzen und auf allen Seiten scharf anbraten
- im vorgeheizten Rohr braten (180°C ca. 50-60 Minuten)
- ab und zu etwas Flüssigkeit (Wasser bzw. Geflügelfond) aufgießen
- Küchenzwirn entfernen, Brust einige Minuten ruhen lassen und dann aufschneiden

Kastanienrollbraten

50 dag Rindfleisch zum Rollen

Fülle:
30 dag Spinat
40 dag Kastanien
1 Ei
8 dag geriebener Parmesan
Salz, Pfeffer
Petersilie, Rosmarin
etwas Öl
1/8 l Weißwein bzw. Rotwein

- Kastanien kochen, schälen und passieren
- Spinat blanchieren und in etwas Öl dünsten, salzen und pfeffern
- Spinat, passierte Kastanien, Ei, Käse und Gewürze gut miteinander vermengen
- Fülle auf das gewürzte Fleisch streichen, fest einrollen und mit weißem Bindfaden fixieren
- Fleisch von allen Seiten scharf anbraten
- mit Wein löschen und im vorgeheizten Rohr braten (180°C ca. 11/2 Stunden)
- Kastanienrollbraten in Scheiben schneiden

TIP

Kartoffeln und Gemüse als Beilage.

Glasierte Kastanien

1 kg Kastanien
5 dag Butter
5 dag Zucker
Salz
1/4 l Suppe

- von den Kastanien die äußere Schale abschälen; Kastanien in kochendes Wasser tauchen, Kastanien mit einem Tuch abreiben
- Zucker in Butter braun werden lassen (karamelisieren), Kastanien dazugeben, leicht salzen
- mit Suppe aufgießen und Kastanien weichdünsten

TIP

Als Beilage für Huhn, Ente, Gans und Wild geeignet.

Kastanienpüree

30 dag Kastanien
4 dag Butter
Salz, Pfeffer

- Kastanien schälen und im Salzwasser kochen (ca. 45 Minuten)
- mit etwas Sud und Butter im Mixer pürieren

TIP

Heiß zu Wildgerichten servieren.

Kastanien-Sellerie-Püree

10 dag Kastanien
15 dag Sellerie
4 dag Butter
Salz, Pfeffer
Cognac
1/8 l Sahne

- Kastanien schälen und mit Sellerie weichkochen
- mit dem Mixstab pürieren
- Butter, Salz, Pfeffer, Cognac und steif geschlagene Sahne unterrühren

TIP

Als Beilage für Wildgerichte geeignet.

Blaukraut mit Kastanien

etwas Öl
1 kleine Zwiebel
40 dag Blaukraut
Salz, Pfeffer
6 Stück Kastanien
1 EL Marillenmarmelade

- würfelig geschnittene Zwiebel etwas anrösten, gehobeltes Blaukraut, Salz und Pfeffer dazugeben
- dünsten lassen (ca. 10 Minuten)
- geschälte, gekochte Kastanien und die Marmelade dazugeben
- dünsten lassen (ca. 20 Minuten)
- abschmecken

TIP

Zu Wildgerichten servieren.

Gefüllte Kastanienäpfel

TIP

Als Beilage zu Wildgerichten geeignet.

4 kleine Äpfel

Fülle:
20 dag Kastanien
1/8 l Sahne
2 EL Orangenlikör
1 Prise Zucker
Preiselbeermarmelade zum Garnieren

- Äpfel mit einem Ausstecher entkernen
- im Rohr garen (30 Minuten)
- Kastanien schälen, weichkochen und pürieren, steifgeschlagene Sahne, Zucker und Orangenlikör untermischen
- Kastanienpüree in die Äpfel spritzen, mit Preiselbeermarmelade garnieren

Kastanien in Rotweinsauce

50 dag Kastanien ohne Schale
1/16 l Fleischsuppe
etwas Speisestärke
3 dag Butter
etwas Zucker
Salz
1/16 l trockener Rotwein
Petersilie

- Kastanien mit kochendem Wasser übergießen und von der gelben Schale befreien
- Zucker in der Butter bräunen, Kastanien dazugeben und gar dünsten
- Speisestärke mit Fleischsuppe glatt rühren und die Sauce damit binden
- mit Wein verfeinern, salzen und mit gehackter Petersilie servieren

Kastanien-Paprika-Allerlei

35 dag rote, gelbe, grüne Paprika
1 EL Olivenöl
15 dag geschälte Kastanien
gemischte Kräuter
etwas Paprikapulver, Pfeffer, milder Curry
etwas Gemüsesuppe
Salz
Petersilie, fein gehackt

- Paprika in Streifen schneiden und im heißen Öl anschwitzen
- Kastanien dazugeben, würzen und mit der Gemüsesuppe ablöschen
- aufkochen, bei mittlerer Hitze zugedeckt 10 Minuten dünsten
- mit Petersilie bestreuen

TIP

Dazu Reis, Nudeln oder als Beilage zu einem Fleischgericht servieren.

Kastanienpudding, Rezept auf S. 38

Kastanien-Gemüse-Eintopf

2 EL Olivenöl
1 Zwiebel, feingehackt
2 Zucchini, in Scheiben geschnitten
500 g gewürfelter Kürbis
200 g geschälte Kastanien
Kräuter, Muskatnuß, Ingwerpulver, Pfeffer
1/2 l Gemüsesuppe
2 Tomaten
Salz
Petersilie, fein gehackt
frisches Basilikum

- die Zwiebel in Öl anschwitzen, Zucchini, Kürbis und Kastanien dazugeben
- würzen und mit der Gemüsesuppe ablöschen
- aufkochen und zugedeckt bei mittlerer Hitze 10 Minuten köcheln lassen
- Tomaten schälen, vierteln und zum Gemüse geben
- mit Kräutern abschmecken

Kastanienknödel

60 dag Kartoffeln
3 dag Butter
1 Ei
Salz
18 dag Weizenmehl

Fülle:
20 dag gekochte, passierte Kastanien
6 dag Staubzucker
1 TL Vanillezucker
1-2 EL Rum

6 dag Mandeln

- Kartoffeln dämpfen, schälen und heiß pressen, etwas auskühlen lassen
- mit zerlassener Butter, Ei, Salz und Mehl rasch zu einem Teig zusammenkneten
- Kartoffelteig ca. 2 mm dick ausrollen, Scheiben von ca. 6 cm Durchmesser ausstechen
- für die Fülle Kastanien mit Staubzucker, Vanillezucker und Rum gut vermengen und kaltstellen
- Mandeln fein reiben und in einer Pfanne etwas anrösten
- Kastanienfülle auf die Teigscheiben setzen und Knödel formen
- im kochenden Salzwasser garziehen lassen (ca. 10 Minuten)
- abseihen und in den Mandeln wälzen

TIP

Eventuell mit Schokoladesauce servieren.

Kastaniennudeln

60 dag Kartoffeln
3 dag Butter
1 Ei
18 dag Weizenmehl
20 dag gekochte, passierte Kastanien
4 dag Butter
eventuell etwas Zucker

- Kartoffeln dämpfen, schälen und heiß pressen, etwas auskühlen lassen
- mit zerlassener Butter, Ei, Salz und Weizenmehl rasch zu einem Teig zusammenkneten
- Nudeln formen und ins kochende Salzwasser geben
- leicht kochen lassen (ca. 3 Minuten)
- abseihen
- mit passierten Kastanien, Zucker und zerlassener Butter servieren

Kastanienauflauf

8 dag Butter
8 dag Zucker
2 Eier
25 dag geschälte, passierte Kastanien
4 dag Semmelbrösel
3 EL Rum
Butter und Brösel für die Form

- Butter, Zucker und Dotter flaumig rühren
- Semmelbrösel, Kastanien und Rum mischen und vorsichtig mit dem steifgeschlagenen Eiweiß unter die flaumige Masse heben
- Kastanienmasse in eine bebutterte und bebröselte Auflaufform einfüllen
- backen (180°C ca. 40 Minuten)

Tirtlan mit Kastanienfülle

30 dag Roggenmehl
15 dag Weizenmehl
5 dag Butter
Salz
ca. 1/4 l Wasser-Milch-Gemisch

Fülle:
50 dag gebratene Kastanien
etwas Milch
Honig nach Geschmack

- alle Teigzutaten zu einem glatten Teig kneten
- rasten lassen (30 Minuten)
- Teig dünn zu 15 cm runden Blättern austreiben
- Kastanien schälen, mit Honigmilch weichdünsten, passieren und abschmecken
- Teigblätter mit Fülle belegen, je ein zweites Teigblatt darüberlegen, Ränder gut andrücken und abradeln
- im heißen Fritieröl herausbacken

Vinschger Kastanienkrapfen

50 dag Mehl
2 Dotter
1 Ei
5 EL Sahne
6 dag zerlassene Butter
etwas Milch
2 EL Öl
etwas Rum
Zitronensaft und -schale
1 Prise Salz

Fülle:
50 dag gebratene Kastanien
Milch, Honig
1 EL Zucker
5 dag Mohnzucker
1 EL Rum

- alle Teigzutaten zu einem glatten, geschmeidigen Teig zusammenkneten
- Teig dünn zu zwei Rechtecken auswalken
- auf einem Rechteck Füllehäufchen verteilen, das zweite Rechteck darauflegen, Krapfen ausradeln
- im heißen Fett schwimmend herausbacken

Fülle:
- geschälte Kastanien in Honigmilch weichdünsten, passieren, mit Zucker und Rum abschmekken

Kastanienpudding

20 dag gekochte, geschälte Kastanien
2 EL Rum
16 dag Zucker
4 Eier
4 dag geriebene Schokolade
4 dag Brösel
Butter und Zucker für die Form

- Dotter und Zucker schaumig rühren
- geriebene Schokolade, passierte Kastanien und Rum dazugeben
- ganz zum Schluß vorsichtig die Brösel und das steifgeschlagene Eiweiß unterheben
- Masse in befettete und mit Zucker ausgestreute Puddingform einfüllen
- im Wasserbad garen (ca. 45 Minuten)
- aus der Form stürzen

TIP

Eventuell mit Schokosauce servieren.

Kastanienknödel, Rezept auf S. 33

Kastaniencrêpes

6 dag Mehl
1 Prise Salz
6 dag Zucker
3 Dotter
5 dag Butter
Schale von 1/2 Zitrone

Kastaniencreme:
1/4 l Milch
3 dag Zucker
1 Pkg. Vanillezucker
2 Eier
1 EL Mehl
1 EL Rum
20 dag Kastanien
1/4 l Sahne

- Mehl, Salz, Zucker, geschmolzene Butter und Zitronenschale mit dem Schneebesen verrühren, Dotter zum Schluß unterrühren
- in einer kleinen, befetteten Pfanne dünne Crêpes herausbacken
- für die Fülle Eier, Zucker, Vanillezucker, Mehl und etwas Milch verrühren
- restliche Milch aufkochen, Eiermasse einrühren und aufkochen lassen
- auskühlen lassen
- passierte Kastanien, Rum und steifgeschlagene Sahne unterrühren
- Crêpes mit Kastaniencreme füllen, vierteln bzw. der Länge nach einrollen und dann halbieren

Kastanien-schmarren

3 EL Zucker
5 dag Butter
2 EL Sahne
20 dag gekochte, passierte Kastanien
3 Eier
5 dag Zucker
1 TL Zucker
Preiselbeermarmelade

- Zucker mit Butter karamelisieren, mit Sahne ablöschen
- passierte Kastanien dazugeben und alles leicht anrösten
- Masse erkalten lassen
- Dotter mit Zucker schaumig rühren, zur erkalteten Masse geben und gut verrühren
- Eiweiß steif schlagen und unter die Masse heben
- 1 TL Zucker in einer feuerfesten Form karamelisieren
- Masse dazugeben und backen (180°C etwa 10-15 Minuten)
- mit Preiselbeermarmelade servieren

Kastanienkoch

20 dag gebratene, geschälte Kastanien
1/8 l Milch
7 dag Butter
5 Dotter
3 Eiweiß
5 dag Zucker
Butter zum Befetten der Förmchen

- Kastanien in der Milch weichkochen, pürieren und durch ein Sieb streichen
- Butter und Zucker flaumig rühren, nacheinander die Dotter und dann das Kastanienpüree unterrühren
- Eiweiß zu steifem Schnee schlagen und unter die Kastaniencreme heben
- vier feuerfeste Förmchen befetten, Kastanienmasse einfüllen und die Förmchen in eine Auflaufform stellen
- so viel heißes Wasser in die Auflaufform gießen, daß die Förmchen zu 2/3 darin stehen
- Auflaufform bei ca. 200 °C in das Backrohr stellen
- den Kastanienkoch etwa 40 Minuten backen, dann aus den Förmchen stürzen
- warm mit Apfelkompott oder Vanillesauce servieren

Kastanienofen-krapfen

50 dag Roggenmehl
8 dag Zucker
8 dag Butter
2 Eier
2 dag Germ
etwas Salz
warme Milch nach Bedarf
1 TL Kümmel
1 TL Fenchel

Fülle:
8 dag gedörrte Birnen
8 dag getrocknete Kastanien
5 dag gemahlener Mohn
etwas Zimt, Nelkenpulver
6 dag Zucker

- Mehl mit Salz, Zucker und Gewürzen mischen
- Dampfl zubereiten
- Dampfl und Mehl mit zerlassener Butter und Milch zu einem festen Germteig verkneten
- Teig zugedeckt gehen lassen
- für die Fülle Birnen und Kastanien weichkochen, mit der flotten Lotte passieren und mit Mohn, Zucker und Gewürzen gut vermischen
- eine Rolle formen, Stücke herunterschneiden und zu 1/2 cm dicken, ovalen Blättern auswalken
- der Länge nach mit Fülle belegen, zusammenklappen und abradeln
- Krapfen ca. 1/2 Stunde gehen lassen
- Bei 180°C hellbraun backen und lauwarm servieren

Kastanien-Äpfel-Creme

4 Äpfel
Saft von 1/2 Zitrone
20 dag gekochte, geschälte, pürierte Kastanien
1 Vanillezucker
1 EL Rum
100 ml Sahne

- Äpfel schälen, vierteln und in kleine Würfel schneiden
- mit wenig Wasser und Zitronensaft weichdünsten und passieren
- Apfelmus auskühlen lassen
- Kastanienpüree, Vanillezucker, Rum und steifgeschlagene Sahne vorsichtig unter das Apfelmus heben
- Creme in Gläser füllen und kühl stellen

Gestürzte Makronen-Kastanien-Creme mit Nougatsauce

2 Eier
12 dag Zucker
6 Stück Makronen
8 dag gekochte, passierte Kastanien
1/4 l Sahne

Nougatsauce:
2 EL Milch
6 dag Nougat

- Eier und Zucker schaumig rühren
- Makronen in kleine Stücke schneiden, Sahne steif schlagen
- Makronenstücke, Kastanien und steifgeschlagene Sahne vorsichtig unter die Schaummasse rühren
- Kastanienmasse in kleine Förmchen füllen und frieren
- für die Sauce Milch mit Nougat aufkochen, dabei ständig rühren
- Kastaniencreme aus den Förmchen stürzen
- mit Nougatsauce servieren

2
Albions

Kastaniencreme

2 Blatt Gelatine
1 Vanilleschote
50 ml Milch
20 dag ungesüßtes Kastanienpüree
2 El Rum
3 EL Staubzucker
200 ml Sahne
Schokoladeraspel zum Garnieren

- Gelatine in kaltem Wasser einweichen
- Vanilleschote längs aufschlitzen, das Mark auskratzen
- Milch mit Vanilleschote und Mark aufkochen lassen, kurz ziehen lassen, Schote entfernen und die Gelatine in der heißen Milch auflösen
- Kastanienpüree leicht erwärmen und mit Rum, Staubzucker und Milch glattrühren
- Masse etwas abkühlen lassen und steifgeschlagene Sahne unterheben
- Creme in Schüsselchen aufteilen und für ca. 2 Stunden kalt stellen
- mit Schokoladeraspeln garnieren

Kastanienparfait

2 Dotter
10 dag Zucker
80 ml Milch
1/2 Vanilleschote
10 dag Kastanienpüree
1 EL Rum
2 Eiweiß
1/4 l Sahne

- Dotter und Zucker schaumig rühren
- Milch mit Vanilleschote aufkochen
- heiße Milch unter die Schaummasse rühren, Kastanienpüree und Rum dazugeben
- Masse kühlen
- steif geschlagene Sahne und Eiweiß unter die Masse heben
- Parfaitmasse in eine mit Klarsichtfolie ausgelegte Form einfüllen
- im Tiefkühlschrank frieren lassen (3-4 Stunden)
- aus der Form stürzen und in Scheiben schneiden

TIP

Mit Preiselbeermarmelade oder Schokoladesauce servieren.

Kastanienmousse auf Früchtemark

6 dag Butter
2 dag Staubzucker
3 Dotter
12 dag weiße Schokolade
10 dag passierte Kastanien
2 EL Rum
1/4 l Sahne

Früchtemark:
10 dag gemischte Waldbeeren
Saft von 1/2 Zitrone
Zucker nach Geschmack

- Schokolade im Wasserbad schmelzen (Wasser darf nicht kochen!)
- Butter, Zucker und Dotter flaumig rühren, geschmolzene Schokolade vorsichtig unterheben, Kastanien, Rum und steif geschlagene Sahne vorsichtig unter die flaumige Masse rühren
- ein paar Stunden kühl stellen
- für das Früchtemark Waldbeeren mit Zucker und Zitronensaft pürieren
- aus der Moussemasse Nocken stechen und mit Früchtemark servieren

Kastanienkipferl, Rezept auf S. 65

Kastaniensahne-creme

2 Dotter
1 Ei
3 dag Zucker
6 dag gekochte, passierte Kastanien
1 EL aufgelöste Milchschokolade
1 EL Kirschwasser
1/4 l Sahne

zum Verzieren:
steifgeschlagene Sahne
Schokoladespäne

- Dotter, Ei und Zucker sehr schaumig rühren, aufgelöste Schokolade und Kastanienpüree unterrühren
- zum Schluß vorsichtig Kirschwasser und steifgeschlagene Sahne unterheben
- Kastaniencreme in Cremegläser füllen
- kühl stellen
- vor dem Servieren mit Sahne und Schokoladespänen garnieren

Apfel-Kastanien-Dessert

2 Äpfel
Gewürznelken
Saft und Schale einer 1/2 Zitrone

Fülle:
10 dag geschälte Kastanien
1/4 l Milch
1 Pkg. Vanillezucker
7 dag Zucker
200 ml Sahne
1 EL Rum
Schokoladespäne

- Äpfel schälen, Kerngehäuse herausstechen und halbieren, mit Zitronensaft und Gewürznelken kernig weich dünsten
- Kastanien mit Zucker, Vanillezucker und Milch weichkochen und passieren
- unter die erkaltete Kastanienmasse den Rum und die steifgeschlagene Sahne heben
- Apfelhälften auf Teller setzen, mit Creme übergießen und mit Schokoladespänen bestreuen

Kastanienschaum

30 dag geschälte Kastanien
1 Msp. Salz
100 ml Milch
1/2 Vanilleschote
100 ml Sahne
8 dag Zucker
1/4 l Sahne
2 EL Rum
Kirschen zum Garnieren

- geschälte Kastanien, Salz mit Wasser gerade bedecken und weichkochen (ca. 45 Minuten)
- Kastanien abgießen und passieren
- Milch mit Vanilleschote aufkochen, Vanilleschote auskratzen
- Kastanienpüree dazugeben und unter ständigem Rühren zu einem dicken Mus einkochen
- 100 ml Sahne und Zucker dazugeben, aufkochen und erkalten lassen
- Sahne steifschlagen und mit dem Rum unter die Kastanienmasse rühren
- durch eine Kartoffelpresse drücken, mit Kirschen verzieren

Kastanien-Nougat-Creme

25 dag gekochte, passierte Kastanien
5 dag Staubzucker
etwas Vanillemark
3 EL weiches Nougat
200 ml Sahne
Mandarinen- oder Orangenspalten zum Verzieren

- Kastanienpüree mit Staubzucker, Vanillemark, Nougat verrühren, steif geschlagene Sahne vorsichtig unterheben
- Kastaniencreme in einen Spritzsack füllen, Creme in Gläser spritzen
- mit Mandarinen- bzw. Orangenspalten verzieren

Kastanienreis

50 dag gebratene, geschälte, passierte Kastanien
1 EL Sahne
1 EL Rum
6 dag Staubzucker
1/4 l Sahne
1 EL Vanillezucker

- Kastanienpüree mit Sahne, Rum und Staubzucker verrühren
- Masse durch ein umgedrehtes Reibeisen auf einen Teller drücken
- mit gezuckerter, steifgeschlagener Sahne servieren

Kastanieneis

2 Dotter
1 Vanillezucker
8 dag Staubzucker
1 EL Rum
6 dag gekochte, pürierte Kastanien
1/4 l Sahne

- Dotter, Zucker, Vanillezucker sehr schaumig rühren
- Rum, Kastanienpüree und steifgeschlagene Sahne unterheben
- Kastanienmasse in eine Schüssel einfüllen
- in den Tiefkühlschrank stellen (4-5 Stunden)
- Kugeln ausstechen und eventuell mit Birnen- oder Apfelkompott servieren

Kastanientörtchen

7 dag Butter
6 dag Zucker
1 Vanillezucker
1 Prise Salz
3 Eier
3 dag Schokolade
6 dag gekochte, passierte Kastanien
6 dag geröstete, geriebene Mandeln

Schokoladesauce:
100 ml Sahne
8 dag Schokolade
Butter und Zucker für die Förmchen

- Butter, Zucker, Vanillezucker, Salz und Dotter flaumig rühren
- Schokolade im Wasserbad schmelzen und vorsichtig unter die flaumige Masse rühren
- Kastanien, Mandeln und steifgeschlagenes Eiweiß unterheben
- Masse in befettete und mit Zucker bestreute Förmchen füllen
- im Wasserbad garen (180°C ca. 30 Minuten)
- für die Sauce Sahne und Schokolade bei kleiner Flamme schmelzen lassen, dabei ständig rühren
- Kastanienmasse aus den Förmchen stürzen und mit Schokoladesauce servieren

Stanitzel mit Kastaniensahne

2 Eier
2 Eier schwer Zucker
2 Eier schwer Mehl
1/4 l Sahne
15 dag Kastanienpüree

- Eier, Zucker und gesiebtes Mehl kurz verrühren
- auf ein Backpapier Kreise aufzeichnen
- Papier aufs Blech geben und die Kreise dünn mit Masse bestreichen
- bei 180°C hell backen
- Kreise sofort vom Blech lösen und heiß zu Stanitzel drehen
- mit steif geschlagener Sahne füllen
- Kastanienpüree durch ein umgekehrtes Reibeisen auf die Stanitzel drücken und servieren

Kastaniencharlotte

75 dag geschälte Kastanien
1/2 l Milch
etwas Vanillemark
7 dag Staubzucker
2 EL Kirschwasser
5 Blatt Gelatine
1/4 l Sahne
Löffelbiskuits
frische oder kandierte Früchte

- Gelatineblätter in kaltem Wasser einweichen (ca. 10 Minuten)
- Kastanien und Vanillemark in der Milch weichkochen und passieren
- Zucker und Kirschwasser dazurühren
- eingeweichte, ausgedrückte Gelatineblätter unter die heiße Kastanienmasse rühren
- sobald die Masse beginnt fest zu werden, steifgeschlagene Sahne unterheben
- eine Schüssel mit Klarsichtfolie auslegen, Löffelbiskuits einlegen, Kastanienmasse und zerkleinerte Früchte daraufgeben
- kühl stellen
- vor dem Servieren Form in heißes Wasser tauchen, Dessert stürzen und mit Früchten verzieren

Kastanienkekse

14 dag Weizenmehl
20 dag gekochte, passierte Kastanien
14 dag Butter
14 dag Zucker
1 Ei
1 Dotter
1 Prise Zimt
1 Dotter zum Bestreichen

- Mürbteig mit Kastanienpüree zubereiten
- im Kühlschrank rasten lassen (30 Minuten)
- auswalken (ca. 1 cm dick), Scheiben ausstechen, mit verquirltem Dotter bestreichen
- backen (180°C ca. 15 Minuten)

Kastanien-Kirsch-Torte

30 dag gekochte, passierte Kastanien
6 Eier
3-4 EL Honig
ca. 1 kg Kirschen
Butter und Mehl für die Form

- Dotter und Honig sehr schaumig rühren
- steifgeschlagenes Eiweiß und passierte Kastanien vorsichtig unterheben
- Hälfte der Masse in eine befettete, bemehlte Tortenform füllen
- Kirschen dicht darauf verteilen
- restliche Kastanienmasse daraufgeben und glattstreichen
- backen (180°C ca. 25-30 Minuten)

Kastanienschnitten I

6 Dotter
14 dag Staubzucker
14 dag gekochte, passierte Kastanien
10 dag Schokolade
6 Eiweiß
2 dag Mehl

Fülle:
1/4 l Sahne
10 dag gekochte, passierte Kastanien
Staubzucker

- Dotter und Staubzucker schaumig rühren
- passierte Kastanien, geriebene Schokolade, steifgeschlagenes Eiweiß und Mehl unterziehen
- Masse auf ein mit Backpapier belegtes Blech streichen
- im vorgeheizten Rohr backen (180°C ca. 15 Minuten)
- für die Fülle steifgeschlagene Sahne und Kastanien verrühren
- gebackene Masse in 4 Streifen schneiden, 3 davon mit Kastanienfülle bestreichen
- übereinandersetzen und mit Staubzucker bestreuen

Kastanienschnitten II

2 Eier
6 dag Staubzucker
6 dag Mehl
Marillenmarmelade zum Bestreichen

Creme:
3/8 l Milch
1 Pkg. Vanillepudding
10 dag Zucker
2 Pkg. Kastanienreis
1/4 l Rahm

- Eier und Staubzucker schaumig rühren, Mehl unterheben
- in einer Kastenform bei 200°C 20 Minuten backen
- auskühlen lassen
- mit Marillenmarmelade bestreichen
- einen Pudding bereiten
- Kastanienreis in den ausgekühlten Pudding einrühren
- den Kuchen damit bestreichen
- mit Schlagrahm verzieren

TIP

Sieht besonders schön aus, wenn Creme dachförmig aufgestrichen wird.

Kastanienkipferl

60 dag Weizenmehl
4 dag Germ
15 dag Zucker
1 Prise Salz
20 dag zerlassene Butter
6 EL Milch
2 Eier

Fülle:
30 dag gekochte, passierte Kastanien
2 Vanillezucker
4 dag Zucker
3 EL Milch
1 EL Rum

1 Ei zum Bestreichen
Fett und Mehl für das Blech

- aus Germ, etwas Zucker und lauwarmer Milch Dampfl zubereiten
- gehen lassen (15 Minuten)
- restliche Zutaten dazugeben und abschlagen
- gehen lassen (45 Minuten)
- für die Fülle Kastanien mit Zucker, Vanillezucker, Milch und Rum gut verrühren
- Teig auswalken, gleichschenklige Dreiecke ausschneiden, mit Kastanienfülle belegen und von der Grundlinie her einrollen
- gehen lassen (10 Minuten)
- mit verquirltem Ei bestreichen
- backen (180°C ca. 25 Minuten)

Glasierte Kastanienkugeln

40 dag gekochte, passierte Kastanien
2 Vanillestangen
15 dag Zucker
4 EL Wasser

Glasur:
7 dag Staubzucker
7 dag Kochschokolade
2 Eiweiß

- Zucker und Vanillestangen mit Wasser aufkochen, Vanillestange halbieren und Vanillemark herauskratzen, zum Wasser geben
- Zuckerwasser mit dem Kastanienpüree vermischen
- Masse auskühlen lassen
- teelöffelgroße Portionen abstechen und zu Kugeln formen
- über Nacht trocknen lassen
- gesiebten Staubzucker mit fein geriebener Schokolade vermischen und mit Eiweiß glattrühren
- Kugeln mit Glasur überziehen

Kastanienroulade

Biskuitteig:
5 Eier
8 dag Zucker
5 dag Mehl
3 dag Kakao
1 Msp. Backpulver

Kastaniencreme:
1/8 l Milch
5 dag Zucker
1 Pkg. Vanillezucker
1 Dotter
1 EL Rum
14 dag gekochte, passierte Kastanien
1/4 l Sahne

- Eier und Zucker schaumig rühren
- Mehl, Backpulver, Kakao mischen, sieben und vorsichtig unter die Schaummasse heben
- Biskuitmasse auf ein mit Backpapier belegtes Blech aufstreichen
- backen (180°C ca. 12-15 Minuten)
- stürzen, einrollen und auskühlen lassen
- Dotter und Zucker schaumig rühren und mit der kochend heißen Milch verrühren
- auskühlen lassen
- Rum, passierte Kastanien und steifgeschlagene Sahne unterrühren
- Roulade ausrollen, Kastaniencreme aufstreichen, wieder einrollen
- in den Kühlschrank geben (ca. 3 Stunden)
- Roulade in Stücke schneiden

Kokos-Kastanien-Kugeln

15 dag gebratene, geschälte Kastanien
1/4 l Milch
1 Pkg. Vanillezucker
5 dag Zucker
15 dag Gianduja-schokolade

zum Wälzen:
Kokosflocken
geriebene Pistazien
Kakaopulver

- Kastanien mit Milch, Vanillezucker und Zucker kochen lassen (ca. 15 Minuten)
- Schokolade in den noch warmen Kastanien auflösen
- pürieren und kalt stellen
- aus der Masse kleine Kugeln formen und entweder in Kokosflocken, Pistazien oder Kakaopulver wälzen

Kastanienwürfel

14 dag gekochte, passierte Kastanien
14 dag Zucker
6 Eier
10 dag Schokolade
2 dag Mehl

Fülle:
1/4 l Sahne
4 dag Zucker
10 dag gekochte, passierte Kastanien
eventuell etwas Marmelade
eventuell etwas Schokoladeglasur

- Dotter und Zucker schaumig rühren
- geriebene Schokolade, Kastanien, Mehl und steifgeschlagenes Eiweiß vorsichtig unterheben
- Masse fingerdick auf ein mit Backpapier belegtes Blech streichen
- backen (15 Minuten)
- Hälfte der Masse mit Kastaniencreme bestreichen, andere Hälfte darüberlegen
- eventuell mit Marmelade bestreichen und mit Schokoladeglasur überziehen
- in gleichmäßige Würfel schneiden

Überbackene Kastanientorte

21 dag Mehl
7 dag Zucker
14 dag Butter

Belag:
28 dag gekochte, geschälte Kastanien
18 dag Zucker
1 Pkg. Vanillezucker
5 Dotter
Johannisbeergelee

- aus Mehl, Butter und Zucker einen Mürbteig zubereiten
- kalt rasten lassen (30 Minuten)
- Tortenform damit auslegen
- backen (ca. 15 Minuten)
- Dotter, Zucker und Vanillezucker schaumig rühren
- auf den vorgebakkenen Tortenboden Johannisbeergelee streichen
- die Dottermasse und zum Schluß die passierten Kastanien daraufgeben
- Torte fertig backen (ca. 30-40 Minuten)

Kastanien-Marmelade-Taschen

25 dag Weizenmehl
12 dag Butter
6 dag Zucker
1 Dotter

Fülle:
20 dag gekochte, passierte Kastanien
1 Pkg. Vanillezucker
5 dag Zucker
1 EL Rum
6 dag Ribiselmarmelade

- Mehl mit Butter abbröseln, Zucker dazugeben und mit dem Dotter rasch zu einem glatten Mürbteig kneten
- kaltstellen (20 Minuten)
- Mürbteig messerrückendick auswalken, Quadrate von 10x10 cm ausschneiden
- Kastanienpüree mit Vanillezucker, Zucker und Rum verrühren
- in die Mitte jeweils etwas Marmelade und Kastanienfülle geben
- Quadrate zusammenklappen, Kanten gut zusammendrücken
- backen (180°C ca. 10-15 Minuten)

Ungebackene Kastanientorte

50 dag Kastanien
5 dag Zucker
1 Pkg. Vanillezucker
1/8 l Milch
8 dag Butter
7 dag Zucker
Erdbeermarmelade oder frische Erdbeeren
1/8 l Sahne

- geschälte Kastanien, Zucker, Vanillezucker in der Milch weichkochen und passieren
- Butter mit Zucker flaumig rühren und die passierten Kastanien untermengen
- eine flache Form mit der Hälfte der Masse bestreichen
- Erdbeermarmelade oder frische Erdbeeren daraufgeben
- zweite Lage Kastanienpüree daraufgeben
- mit geschlagener Sahne bestreichen
- einige Stunden kühl stellen

Kastanien-Kaffee-Schokoladentorte

7 dag Butter
18 dag Zucker
7 dag erweichte Schokolade
6 Dotter
20 dag gekochte, passierte Kastanien
7 dag geriebene Mandeln
6 Eiweiß

Creme:
10 dag Butter
15 dag Zucker
2 Eier
7 dag erweichte Schokolade
1 EL starker, schwarzer Kaffee

- Butter, Zucker, erweichte Schokolade und Dotter flaumig rühren
- steif geschlagenes Eiweiß, Mandeln und passierte Kastanien unterrühren
- backen (190°C ca. 20-25 Minuten)
- Butter, Zucker und Dotter flaumig rühren
- steifgeschlagenes Eiweiß, Schokolade und Kaffee unterrühren
- Torte mit Creme füllen

Kastanien-Sahne-Torte

17 dag gekochte, passierte Kastanien
14 dag Zucker
6 Dotter
6 Eiweiß
5 dag Semmelbrösel

Fülle:
1/4 l Sahne
4 dag Zucker
10 dag passierte Kastanien
eventuell Marillenmarmelade
eventuell Schokoladeglasur

- Dotter und Zucker schaumig rühren
- steifgeschlagenes Eiweiß, Kastanien und Semmelbrösel unterheben
- backen (180°C ca. 35 Minuten)
- Torte halbieren und mit Kastaniensahne füllen
- eventuell mit Marmelade bestreichen und mit Schokoladeglasur überziehen

Zwetschken-Kastanien-Torte

7 dag Butter
21 dag Zucker
5 Dotter
28 dag gekochte, passierte Kastanien
5 Eiweiß
1 EL Rum
Zwetschken zum Belegen

- Butter, Zucker und Dotter flaumig rühren
- passierte Kastanien, Rum und steifgeschlagenes Eiweiß vorsichtig unter die flaumige Masse heben
- Masse in eine Tortenform streichen
- mit Zwetschkenhälften belegen
- backen (180°C ca. 35 Minuten)

Kastanientorte

56 dag passierte Kastanien
28 dag Zucker
6 Eier
1 Pkg. Vanillezucker
1/4 l Sahne
Butter für die Form

- Dotter und Zucker schaumig rühren
- passierte Kastanien und steifgeschlagenes Eiweiß unterheben
- Masse in Tortenform füllen
- backen (180°C ca. 45 Minuten)
- Torte halbieren und mit steifgeschlagener Sahne füllen

Kakao-Kastanien-Torte

5 Eier
15 dag Zucker
1 EL Wasser
8 dag Maisstärkemehl
4 dag Weizenmehl
4 dag Kakao
4 dag Öl

Creme:
18 dag passierte Kastanien
5 dag Staubzucker
4 Blatt Gelatine
300 ml Sahne

zum Verzieren:
Kompottkirschen
1/8 l Sahne
30 dag passierte Kastanien

- Eier, Zucker und Wasser über Wasserdampf dickschaumig schlagen
- Masse kalt schlagen
- Mehl, Kakao und Öl untermengen
- backen (180°C ca. 35 Minuten)
- Gelatine einweichen und auflösen
- Sahne steif schlagen und die aufgelöste Gelatine, Kastanienpüree und Zucker unterrühren
- mit Kompottkirschen, steif geschlagener Sahne und passierten Kastanien verzieren
- Torte halbieren und mit Creme füllen

Kastanien-Apfel-Torte

40 dag getrocknete Kastanien
4 EL Zucker
etwas Milch
1 kg Äpfel
4 Eier
15 dag Kakao
15 dag Amaretti (Makronenart)
1 Gläschen Marsala
1 Gläschen Rum
Zimt

- Kastanien in einen Topf geben, mit Milch auffüllen
- 2 EL Zucker hinzufügen und weich kochen
- die Äpfel schälen, in Scheiben schneiden und mit 2 EL Zucker kochen
- die passierten Kastanien mit den Äpfeln vermischen, nach und nach die Eier, den Kakao und die zerkleinerten Amaretti dazugeben und alles gut vermischen
- eine befettete Backform mit dem Teig füllen und bei 180°C ca. 40 Minuten backen
- auf die noch warme Torte die miteinander vermischten Liköre gießen
- auskühlen und mit Schlagsahne servieren

Kastanienstrudel

30 dag tiefgekühlter Blätterteig
12 dag gekochte, passierte Kastanien
6 dag Honig
10 dag Topfen
1/2 Schnapsglas Mandellikör
1 Msp. Zimt
Dotter zum Bestreichen
Staubzucker zum Bestreuen

- Blätterteig auftauen und zu einem Rechteck auswalken
- Kastanienpüree, Honig, Topfen, Mandellikör und Zimt gut verrühren
- Fülle auf das Rechteck streichen und Blätterteig einrollen, die Enden gut zusammendrücken
- Strudel auf ein Blech legen, mit Dotter bestreichen
- im vorgeheizten Rohr bei 200°C ca. 20 Minuten backen
- mit Staubzucker bestreuen und servieren

Italienische Kastanientörtchen

25 dag Mehl
12 dag Butter
7 dag Zucker
1 Pkg. Vanillezucker
1 Prise Salz
1 Dotter

Vanillecreme:
3/8 l Milch
4 dag Speisestärke
10 dag Zucker
1 Vanilleschote
1/8 l Sahne
2 EL Rum

Kastanienpüree:
28 dag gekochte, passierte Kastanien
5 dag Zucker
1 Pkg. Vanillezucker
2 EL Rum
1/8 l Sahne
eventuell Sahne zum Verzieren

- Mehl, Butter, Zucker, Vanillezucker und Salz abbröseln, Eidotter unterkneten
- Mürbteig kalt stellen (30 Minuten)
- 8 Tortenförmchen (Durchmesser 8 cm) mit Teig auslegen
- backen (180°C ca. 20 Minuten)
- 6 EL Milch mit der Speisestärke verrühren, restliche Milch, Zucker, ausgeschabtes Vanillemark und Schote in einem Topf zum Kochen bringen
- Speisestärke einrühren, aufkochen lassen, Sahne und Rum unterziehen
- Creme abkühlen lassen
- Vanillecreme gleichmäßig auf die Törtchen verteilen
- passierte Kastanien mit Zucker, Vanillezucker und Rum abschmecken
- steif geschlagene Sahne unterheben
- Kastanienpüree in eine Kartoffelpresse geben und aufspritzen
- eventuell mit einem Sahnetupfer garnieren
- in den Förmchen auskühlen lassen

Kastanienmarmelade

1,5 kg Kastanien
80 dag Zucker
200 ml Wasser
2-3 Gläschen Rum

- Außenschale der Kastanien mit einem kleinen Messer entfernen und weichkochen
- von der anderen Schale entfernen und passieren
- Zucker und Wasser dazugeben
- auf kleiner Flamme unter fleißigem Rühren cremeartig kochen
- Rum dazugeben
- sofort in heiße Gläser füllen und verschließen

Kastanienmarmelade mit Orangen

1,5 kg Kastanien
80 dag Zucker
300 ml Wasser
Orangen- und Zitronenschale (ungespritzt)

- Außenschale der Kastanien mit einem kleinen Messer entfernen und weichkochen
- von der anderen Schale befreien, passieren
- Zucker, Wasser, Orangen- und Zitronenschale dazugeben
- auf kleiner Flamme unter fleißigem Rühren cremeartig kochen
- sofort in heiße Gläser füllen und verschließen

Kastanienkompott

50 dag gebratene, geschälte Kastanien
1/2 l Wasser
10 dag Zucker
1 EL Zitronensaft
etwas Zitronenschale

- Wasser und Zucker solange kochen, bis ein Sirup entsteht
- Kastanien, Zitronensaft und -schale dazugeben
- einige Minuten kochen lassen
- Kompott abkühlen lassen

TIP

Mit Vanilleeis servieren.

Kastanienlikör

10 dag gebratene, geschälte, passierte Kastanien
1/2 l Milch
3 EL Zucker
1 Pkg. Vanillepuddingpulver
2 Dotter
10 dag Staubzucker
1/4 l Weinbrand

- Milch mit Zucker erhitzen, Kastanienpüree dazugeben
- Vanillepuddingpulver mit etwas Milch verrühren
- einrühren und aufkochen lassen
- Dotter und Staubzucker schaumig rühren
- Puddingmasse pürieren und langsam mit Dottermasse und Weinbrand vermischen
- in Flaschen einfüllen, verschließen und kaltstellen

Kastanienbrot

25 dag Weizenvollkornmehl
25 dag Weizenmehl
15 dag gebratene, geschälte Kastanien
4 dag Germ
ca. 3/8 l lauwarme Milch
4 dag Zucker
8 dag Sultaninen
1/2 EL Salz
Fett und Mehl für das Blech

- Kastanien passieren und mit dem Mehl mischen
- aus Germ, Zucker und etwas lauwarmer Milch Dampfl zubereiten
- gehen lassen (15 Minuten)
- restliche Zutaten dazugeben und zu einem mittelfesten Teig schlagen
- zugedeckt an einem warmen Ort geben lassen (30 Minuten)
- Teig nochmals durchkneten
- zwei mittlere Laibe formen und auf das befettete, bemehlte Blech geben
- gehen lassen (15 Minuten)
- im vorgeheizten Rohr backen (bei 190°C ca. 35-40 Minuten)

Kastanien-Feigen-brot

1 kg Weizenmehl
35 g Germ
20 dag Butter
22 dag Zucker
Salz
7 Eidotter
25 dag Feigen
8 dag Sultaninen
10 dag kandierte Kastanien
ca. 1/8 l Wasser bzw. Milch

- Mehl, Germ, Zucker und etwas lauwarmer Flüssigkeit verrühren und ein Dampfl bereiten
- warm rasten lassen (15 Minuten)
- restliche Zutaten dazugeben
- alles zu einem geschmeidigen Teig verkneten
- gehen lassen (ca. 3 Stunden)
- kleine Laibe formen, mit verquirltem Ei bestreichen
- backen (190°C ca. 30 Minuten)

Eingelegte Kastanien

75 dag geschälte Kastanien
20 dag Zucker
1 Vanilleschote
1,5 l Wasser
2 EL Rum

- Kastanien, Zucker, Vanilleschote und Wasser kochen (ca. 45 Minuten)
- Rum unterrühren
- Kastanien mit heißem Sirup in Gläser einfüllen und gut verschließen

Beschwipste Kastanien

75 dag geschälte, gekochte Kastanien
12 dag Zucker
1 Vanilleschote
1 Tasse Wasser
Saft von 1/2 Zitrone
ca. 1/8 l brauner Rum

- Kastanien, Zucker, Vanillemark, Wasser und Zitronensaft kochen lassen (5-8 Minuten)
- kaltstellen
- Rum dazugeben
- die Kastanien in Gläser einfüllen
- mindestens 1-2 Tage ziehen lassen